子どもがときめく 人気曲&どうようで リトミック

自由現代社

【付属CDについて】

本書付属CDは、保育者がピアノを弾かなくても、CDを流すだけでリトミックが出来るようになっています。

- **STOP** …この箇所で演奏が止まり、クリック音が流れます。
  その間に解説の該当する指示を行います。

- **♪** …この箇所で演奏が止まり、解説の該当する譜例の音が流れます。
  その間に解説の該当する指示を行います。

- **速 遅** …この箇所から演奏のテンポが速くなったり、遅くなったりします。
  その間に解説の該当する指示を行います。

- **強 弱 最弱** …この箇所からピアノの弾き方が強くなったり、弱くなったり、最も弱くなったりします。
  その間に解説の該当する指示を行います。

その他のマークは、解説に従い、行ってください。

また、収録されている曲は本書用にアレンジされたものです。原曲と異なる、又は省略されている箇所があります。

尚、本CDには歌詞は収録されておりません。ピアノ演奏のみの収録となります。

子どもがときめく 人気曲&どうようで リトミック

もくじ	2
曲名INDEX	4
本書の内容と特長	5
即時反応	6
基本リズム	31
音の遅速・高低・強弱	57
リズム・フレーズ・パターン	86

CONTENTS

即時反応

1. 夢をかなえてドラえもん	6
2. アイアイ	10
3. およげ！たいやきくん	13
4. どんぐりころころ	18
5. かたつむり	20
6. ひょっこりひょうたん島	22
7. うさぎのダンス	26
8. アビニョンの橋で	28

基本リズム

1. ぼよよん行進曲	31
2. おばけなんてないさ	36
3. アブラハムの子	38
4. ともだち讃歌	41
5. 気のいいあひる	44
6. ぼくが咲かせる花	47
7. かっこう	52
8. どんな色がすき	54

音の遅速・高低・強弱

1. キラキラがいっぱい ………………………………………… 57
2. 南の島のハメハメハ大王 ………………………………… 60
3. ピクニック ………………………………………………… 63
4. おどるポンポコリン ……………………………………… 66
5. アイスクリームのうた …………………………………… 70
6. 天使の羽のマーチ ………………………………………… 74
7. いとまき …………………………………………………… 78
8. 世界に一つだけの花 ……………………………………… 80

リズム・フレーズ・パターン

1. ドキドキドン！一年生 …………………………………… 86
2. おんまはみんな …………………………………………… 89
3. ゆき ………………………………………………………… 92
4. にじのむこうに …………………………………………… 94
5. しゃぼんだま ……………………………………………… 98
6. 森へ行きましょう ………………………………………… 100
7. 世界がひとつになるまで ………………………………… 104
8. 夕焼け小焼け ……………………………………………… 109

◆曲名 INDEX

あ
- アイアイ……………………………………………………………………………… 10
- アイスクリームのうた……………………………………………………………… 70
- アビニョンの橋で…………………………………………………………………… 28
- アブラハムの子……………………………………………………………………… 38
- いとまき……………………………………………………………………………… 78
- うさぎのダンス……………………………………………………………………… 26
- おどるポンポコリン………………………………………………………………… 66
- おばけなんてないさ………………………………………………………………… 36
- およげ！たいやきくん……………………………………………………………… 13
- おんまはみんな……………………………………………………………………… 89

か
- かたつむり…………………………………………………………………………… 20
- かっこう……………………………………………………………………………… 52
- 気のいいあひる……………………………………………………………………… 44
- キラキラがいっぱい………………………………………………………………… 57

さ
- しゃぼんだま………………………………………………………………………… 98
- 世界がひとつになるまで…………………………………………………………… 104
- 世界に一つだけの花………………………………………………………………… 80

た
- 天使の羽のマーチ…………………………………………………………………… 74
- ドキドキドン！一年生……………………………………………………………… 86
- ともだち讃歌………………………………………………………………………… 41
- どんぐりころころ…………………………………………………………………… 18
- どんな色がすき……………………………………………………………………… 54

な
- にじのむこうに……………………………………………………………………… 94

は
- ピクニック…………………………………………………………………………… 63
- ひょっこりひょうたん島…………………………………………………………… 22
- ぼくが咲かせる花…………………………………………………………………… 47
- ぼよよん行進曲……………………………………………………………………… 31

ま
- 南の島のハメハメハ大王…………………………………………………………… 60
- 森へ行きましょう…………………………………………………………………… 100

や
- 夕焼け小焼け………………………………………………………………………… 109
- ゆき…………………………………………………………………………………… 92
- 夢をかなえてドラえもん…………………………………………………………… 6

本書の内容と特長

★人気の童謡・アニメソングを使用したリトミック

　本書は、現代の子どもたちに人気の高い童謡やアニメソングなどを使用して、幼稚園や保育園で簡単にできるリトミックをCD付きで紹介した、画期的な実用書です。音楽と動きを融合させたリトミックは、特別なもの、難しいものと捉えられがちですが、決してそんなことはありません。本書では、リトミックを苦手とされる保育者の方でも簡単に実践できる内容を、わかりやすいイラストとともに取り上げています。しかも、掲載している楽譜の音源は、すべてCDに収録されていますので、ピアノが苦手な保育者の方でも、そのまま保育現場で再現することができます。さらに、子どもたちに人気の高い楽曲を用いることで、子どもたちはより楽しく取り組むことができ、より多くのことを吸収することができます。

　幼児期の子どもたちは、音楽が大好きですし、体を動かすことも大好きです。子どもたちが心から楽しめ、かつ保育者の皆様に負荷なく実践できるリトミックの内容を、ぜひ保育現場でお役立てください。

★テーマごとに内容を構成

　本書では、子どもたちに人気の高い楽曲やアニメソングを使用しつつも、リトミックで必要な要素を踏まえた下記の４つのテーマで、内容を構成しています。

1. 即時反応……………………… 音楽を聴き分けて、即座に動きを変えることで、即時性、集中力、注意力などを養います。

2. 基本リズム…………………… ♪、♩、𝅗𝅥、𝅝（全音符）などの基本的なリズムを身につけます。

3. 音の遅速・高低・強弱……… 音の遅速、高低、強弱を聴き分け、即座に反応できる能力を身につけます。

4. リズム・フレーズ・パターン …… 音楽のある一定のリズムパターンや、フレーズパターンを認識し、音楽的センスを養います。

★各楽曲について

　各楽曲とも、伴奏譜はそれぞれリトミックの内容に合わせたリズムを用い、かつ極力簡単なものにしています。しかも、掲載している楽譜の音源は、すべてCDに収録されています。なお、ピアノを用いず、タンバリンやカスタネットなどの打楽器を使って、リズムをとるようにしてもいいでしょう。原曲はかなり速いテンポのものもありますが、子どもの動きを見ながら、無理のないテンポで行ってください。また、リトミックの内容や誌面の都合上、歌詞を一部割愛しているものもあります。なお、楽曲が長いと思われる場合は、１コーラスまたは２コーラスだけで行うようにするといいでしょう。

即時反応

1 夢をかなえてドラえもん

 ボールを使って全音符のリズムを感じながら、合図にすばやく反応します。

① 子どもたちは、輪になって立ちます。ボールをひとつ用意し、曲に合わせて全音符のリズムで、時計と反対まわりに、となりの人にまわしていきます。

「反対！」

② P.7 からの楽譜の ◯ のいずれかの箇所で、保育者は「反対！」と言います。
その合図に合わせて、ボールをそれまでと反対まわりにまわします。

アドバイス
ゆっくりのテンポから、少しずつテンポアップして行ってもいいでしょう。

夢をかなえてドラえもん

作詞／作曲：黒須克彦

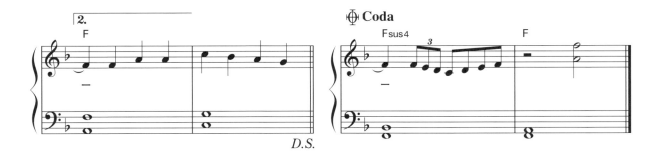

即時反応

２ アイアイ

🎯 **ねらい**　全身で表現することで表現力を養うとともに、保育者の合図にすばやく反応します。

① ♩のリズムで、左右の手を顔の上下で動かして、サルのポーズをしながら、♩のリズムで自由に歩きます。

② 曲の途中、P.12の楽譜の 🛑 の部分でピアノが止まり、保育者が「おサルさん！」と言ったら、その場で止まり、手はそのままでサルの顔の真似をします。

③ 再びピアノが鳴ったら、また ① の動きに戻ります。これをくりかえします。

✏️ **アドバイス**　ピアノが止まったときに、好きなポーズをするようにしてもいいでしょう。

アイアイ

作詞：相田裕美／作曲：宇野誠一郎

1. アイ アイ（アイ アイ）アイ アイ（アイ アイ）おさるさんだよ
2. アイ アイ（アイ アイ）アイ アイ（アイ アイ）おさるさんだね

即時反応

3 およげ！たいやきくん

🎯 ねらい
いす取りゲームの要領で、集中力や反射神経、スキップのリズムなどを身につけます。

① 子どもの人数分、いすを外向きにして、輪の形に置いておきます。
両手を合わせて、魚のようにくねくね動かしながら、曲に合わせて ♩ のリズムで、いすのまわりを時計と反対まわりに歩きます。

② 曲の途中、P.14 からの楽譜の ♪ の部分で、下記の音をはさみます。

この音が鳴ったら、♫ のリズムでいすのまわりをスキップします。

③ 曲に戻ったら、また **①** の動きに戻り、楽譜の **STOP** の部分でピアノが止まったら、すぐにいすに座ります。

④ 再びピアノが鳴ったら、また **①** の動きに戻ります。これをくりかえします。

✏️ アドバイス
いすの数を子どもの人数分よりひとつ少なくして、いす取りゲームのように、ひとりあぶれるようにしてもいいでしょう。また、スキップが難しいようなら、ギャロップ（♫ のリズムで、右足→左足→右足→左足・・・と交互に動かす）をするようにしてもいいでしょう。

およげ！たいやきくん

作詞：高田ひろお／作曲：佐瀬寿一

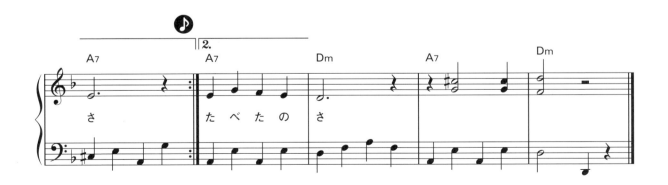

即時反応

4 どんぐりころころ

🎯 **ねらい** どんぐりの動きを全身で表現するとともに、合図にすばやく反応します。

① 床に寝転がり、両手を上に伸ばして手のひらを合わせます。曲に合わせて、同じ方向に床を転がります。

② 曲の途中、P.19の楽譜の ♪ の部分で、右記の音をはさみます。

この音が鳴ったら、転がるのを止め、その場で ♪ のリズムで手足をバタバタさせます。

③ 曲に戻ったら、また転がります。これをくりかえします。

✏️ **アドバイス**
床を転がるときは、上にくる足を少し上げます。そうすることで、曲がらずにまっすぐ転がることができます。

TRACK 4 どんぐりころころ

作詞：青木存義／作曲：梁田 貞

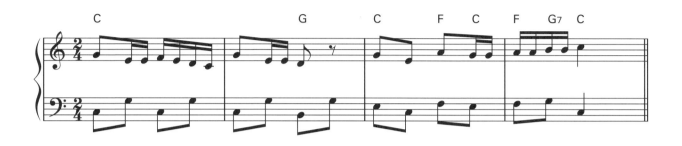

1. どんぐりころころ どんぶりこ おいけにはまって さあ たいへん
2. どんぐりころころ よろこんで しばらくいっしょに あそんだが

どじょうがでてきて こんにちは ぼっちゃんいっしょに あそびましょう
やっぱりおやまが こいしいと ないてはどじょうを こまらせた

即時反応

即時反応

5 かたつむり

ねらい 音楽を聴き分けて瞬時に動作を変えるとともに、保育者の合図にすばやく反応します。

① 曲に合わせて、♪ のリズムで自由に歩きます。

② 曲の途中、P.21 の楽譜の ♪ の部分で、下記の音をはさみます。

この音が鳴ったら、♫ のリズムでスキップします。

③ 曲に戻ったら、また ♪ のリズムで歩き、楽譜の の部分でピアノが止まり、保育者が「かたつむり！」と言ったら、その場でかたつむりのように床に丸くなります。

④ 曲に戻ったら、また ♪ のリズムで歩きます。これをくりかえします。

即時反応

6 ひょっこりひょうたん島

ねらい イメージをふくらませながら、♩のリズムを表現します。

① 床にフープをいくつか並べておきます。曲に合わせて、♩のリズムで、平泳ぎの手の動きをしながら、フープのまわりを自由に泳ぐ真似をします。

② 曲の途中、P.23 からの楽譜の **STOP** の部分でピアノが止まり、保育者が「ひょうたん島！」と言ったら、すばやくフープに入ります。

「ひょうたん島！」

③ 再びピアノが鳴ったら、またフープのまわりを自由に泳ぐ真似をします。

アドバイス

「ひょうたん島！」の合図を、「ひょうたん島に２人！」「ひょうたん島に３人！」などに替えて、その人数でフープに入るようにしてもいいでしょう。

ひょっこりひょうたん島

作詞：井上ひさし、山元護久／作曲：宇野誠一郎

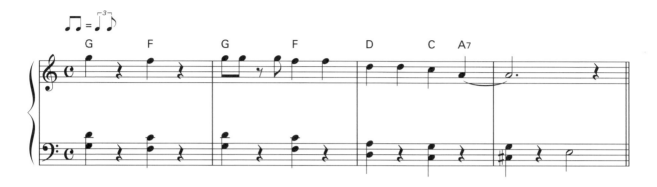

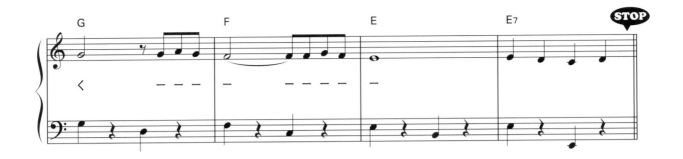

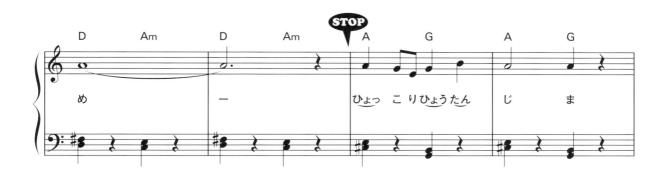

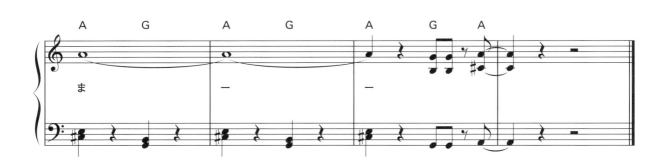

即時反応

7 うさぎのダンス

🎯 **ねらい**　音楽を聴き分けながら、スキップのリズムや、♪、♩のリズムを身につけます。

① 曲に合わせて、♫のリズムで自由にスキップをします。

② 曲の途中、P.27の楽譜の🎵の部分で、下記のいずれかの音をはさみます。
この音が鳴ったら、各譜例に合わせて動きます。

＜譜例1＞

＜譜例2＞

＜譜例1＞＝ ♪ のリズムで走ります。
＜譜例2＞＝ ♩ のリズムで歩きます。

③ 曲に戻ったら、また♫のリズムで自由にスキップをします。

✏️ **アドバイス**
　スキップが難しいようなら、ギャロップをするようにしてもいいでしょう。

うさぎのダンス

作詞：野口雨情／作曲：中山晋平

即時反応
8 アビニョンの橋で

ねらい 保育者の合図に合わせて、♩のリズムで動物の動きを表現します。

① 曲に合わせて、♩のリズムで自由に歩きます。

② 曲の途中、P.29からの楽譜の♪の部分で、保育者は「カンガルー」「ゴリラ」「ウマ」のいずれかを言い、右記の音をはさみます。この音が鳴ったら、子どもたちは、♩のリズムに合わせて、指定された動物の動きをします。

カンガルー
両手を胸につけてジャンプ。

ゴリラ
交互に胸をたたきながら歩く。

ウマ
ひざを曲げて四つんばいになり、歩く。

③ 曲に戻ったら、また♩のリズムで歩きます。これをくりかえします。

アビニョンの橋で

訳詞：小林純一／外国曲

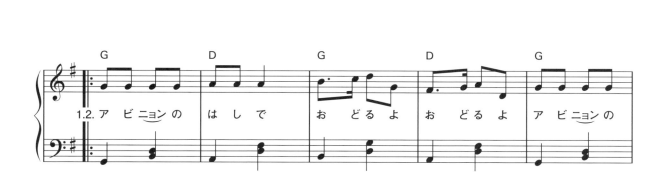
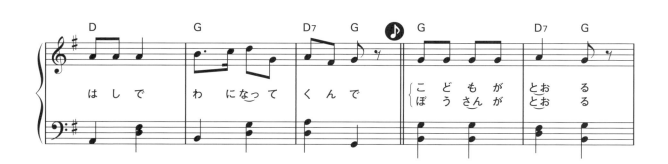

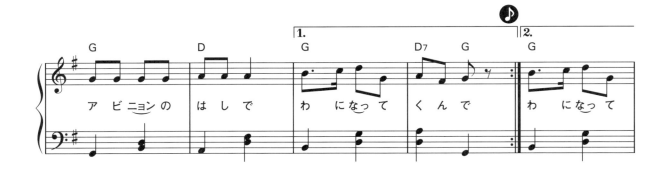

基本リズム

1 ぼよよん行進曲

ねらい ♩と♪のリズムを全身で感じ取ります。

1 足を高く上げ、両手を大きく振りながら、曲に合わせて♩のリズムで自由に歩きます。

2 P.33からの ～→ 以降は、♩のリズムで両足で大きくジャンプしながら、進みます。

ぼよよん行進曲

作詞：中西圭三、田角有里／作曲：中西圭三

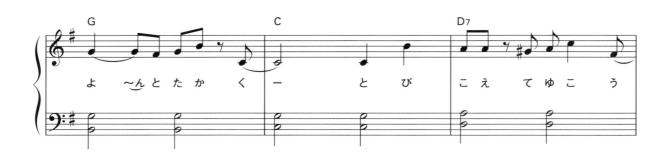

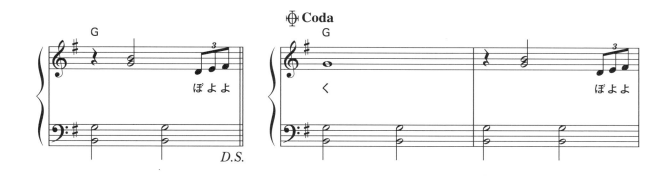

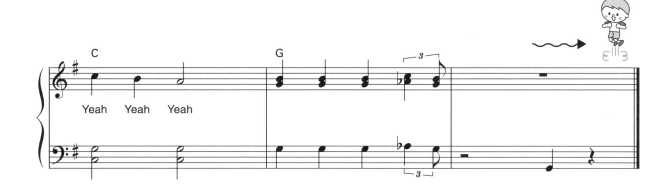

基本リズム

2 おばけなんてないさ

🎯 **ねらい** 手と足で同時に違うリズムの動作をします。

① まずはじめに、曲に合わせて ♩ のリズムで手拍子をします。次に ♩ のリズムで、さらに ｏ（全音符）の リズムで手拍子をします。

② ♩ のリズムで歩きながら、♩ のリズムで手拍子をします。次は、♩ のリズムで歩きながら、♩ のリズムで 手拍子をします。さらに、♩ のリズムで歩きながら、ｏ（全音符）のリズムで手拍子をします。

〈歌〉	おばけ	なんて	ない	さ	おばけ	なんて	うそ	さ〜
♩ の手拍子	👏👣	👏👣	👏👣	👏👣	👏👣	👏👣	👏👣	👏👣
♩ の手拍子	👏👣	👣	👏👣	👣	👏👣	👣	👏👣	👣
ｏ の手拍子	👏👣	👣	👣	👣	👏👣	👣	👣	👣

✏️ **アドバイス**
♩ のリズムで歩きながら、♩ のリズムで手拍子をしてもいいでしょう。

おばけなんてないさ

作詞：槇みのり／作曲：峯 陽

基本リズム

3 アブラハムの子

ねらい 友だちとの社会性を育みながら、♩、♪のリズムを身につけます。

① 2人組になって手をつなぎ、曲に合わせて♩のリズムで自由に歩きます。つないだ手は、♪のリズムで、前→後ろ→前→後ろ・・・と前後にゆらします。

② P.40の楽譜の ★〜〜〜 の部分では、その場で止まって向かい合い、歌詞に合わせて次のようにします。
なお、歌詞は4番まで掲載しており、1番から4番で次々と動作が増えていきます。

アドバイス
ゆっくりのテンポから、少しずつテンポアップして行ってもいいでしょう。

アブラハムの子

訳詞：加藤孝広／外国曲

基本リズム

④ ともだち讃歌

ねらい
♪、♩、𝅗𝅥、♫ のリズムの変化を感じ取りながら、それぞれのリズムを身につけます。

① P.42 からの楽譜の伴奏の ♪、♩、𝅗𝅥、♫ のリズムに合わせて、手をたたきます。

♩のときは、絵のように胸の前で2つの円を描くように、両手を大きく動かしてたたきます。

② 次は、伴奏のリズムに合わせて、自由に歩いたり走ったりします。

♪の伴奏＝♪のリズムで走ります。
♩の伴奏＝♩のリズムで歩きます。
𝅗𝅥の伴奏＝𝅗𝅥のリズムでゆっくり歩きます。
♫の伴奏＝♫のリズムでスキップをします。

ともだち讃歌

訳詞：阪田寛夫／アメリカ民謡

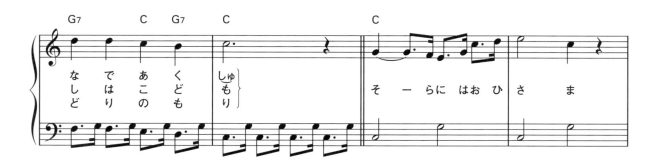

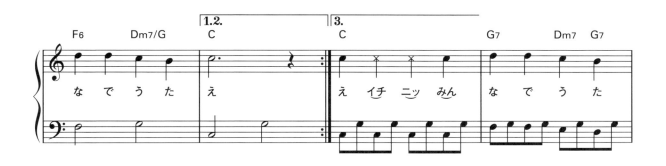

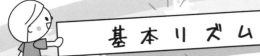

5 気のいいあひる

基本リズム

🎯 **ねらい** 　手拍子やひざ打ちをしたり、手をゆらしながら、3拍子や1小節のリズムを覚えます。

① ひざを曲げて床に座ります。曲に合わせて、♩のリズムで3拍子を感じながら、**＜手拍子＋ひざ打ち＋ひざ打ち＞**をくりかえします。

② 次は2人組になって向かい合い、♩のリズムで**＜手拍子＋両手をたたき合う＋両手をたたき合う＞**をくりかえします。

P.45からの楽譜の ★〜〜➜ の部分では、両手をつないで、1小節ごとに左右にゆらします。

気のいいあひる

訳詞：高木義夫、雨宮すみ江／外国曲

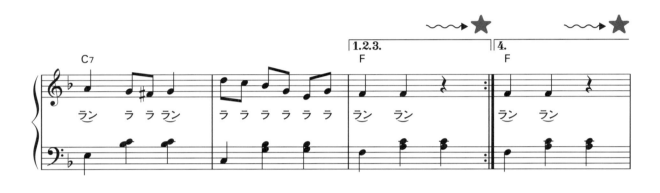

基本リズム

ぼくが咲かせる花

ねらい 音を聴き分けながら、♪、♩、♩、♫ のリズムを身につけます。

① 2人組になって手をつなぎ、曲に合わせて ♩ のリズムで自由に歩きます。

② 曲の途中、P.48 からの楽譜の ♪ の部分で、下記のいずれかの音をはさみます。この音が鳴ったら手を放し、ひとりになって、各譜例に合わせて動きます。

<譜例1>

<譜例2>

<譜例3>

<譜例1>＝ ♪ のリズムで走ります。
<譜例2>＝ ♩ のリズムでゆっくり歩きます。
<譜例3>＝ ♫ のリズムでスキップをします。

③ 曲に戻ったら、また近くの人と2人組になって手をつなぎ、♩ のリズムで歩きます。これをくりかえします。

ぼくが咲かせる花

作詞：SHiNNOSUKE、小寺可南子／作曲：大隅知宇

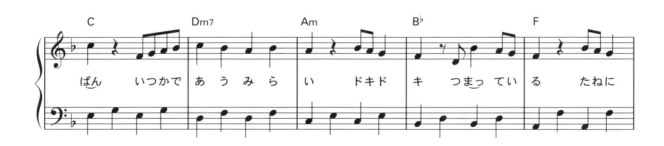

基本リズム

7 かっこう

ねらい 手や足を使って、全身で3拍子のリズムを覚えます。

① 曲に合わせて、♩のリズムで3拍子を感じながら、＜手拍子＋両手で頭を触る＋両手で肩を触る＞をくりかえします。

② 次は、低めの巧技台か体操マットを用意し、♩のリズムで3拍子を感じながら、＜右足（巧技台に乗せる）＋左足（巧技台に乗せる）＋右足踏み（巧技台）＞→＜左足（床）＋右足（床）＋左足踏み（床）＞をくりかえします。

アドバイス
ゆっくりのテンポから、少しずつテンポアップして行ってもいいでしょう。

かっこう

訳詞：大浦正美／ドイツ民謡

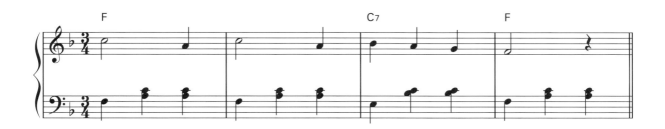
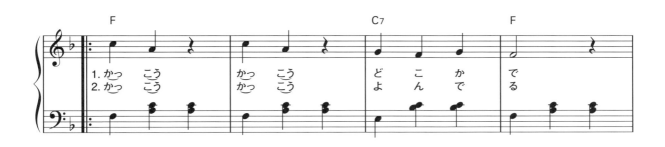
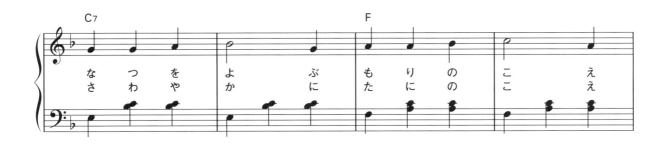
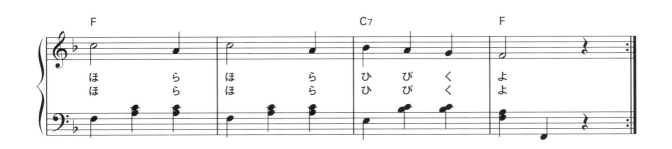

基本リズム

8 どんな色がすき

ねらい スキップのリズムを身につけながら、色を認識します。

① 床に、赤、青、黄、緑色のビニールテープで、それぞれ輪の形を描いておきます。

② 曲に合わせて、♫のリズムで輪のまわりを自由にスキップします。

③ 曲の途中、P.55からの楽譜の ✏～→ の部分では、それぞれの歌詞の色の輪に入り♫のリズムで手拍子をします。

④ ✂～→ の部分では、好きな色の輪に入り、♫のリズムで手拍子をします。✏や✂以外の部分は、輪のまわりをスキップします。

どんな色がすき

作詞／作曲：坂田 修

音の遅速・高低・強弱

1 キラキラがいっぱい

ねらい ボールを使って ♩ のリズムを感じ取りながら、音の高低を表現します。

① ひとつずつボールを持ちます。曲に合わせて、♩ のリズムでボールを左右にゆらします。

② 曲の途中、P.58 からの楽譜の 高〜〜〜、低〜〜〜 の部分では、保育者は、ピアノを高音部で弾いたり低音部で弾いたり、適宜変えます。高音部のときは、♩ のリズムで〈**ボールを軽く上に投げて取る**〉をくりかえし、低音部のときは ♩ のリズムで〈**ボールを床について取る**〉をくりかえします。

＜高音部＞ ＜低音部＞

アドバイス

★ ボールを投げるときは、♩ のリズムが狂わないように、あまり高く投げないように注意しましょう。
★ ピアノの ♩ の速度は、子どもがボールを動かしやすい（扱いやすい）速度にしましょう。
★ ボールが他の子どもにあたらないように、子ども同士の間隔を開けて行いましょう。

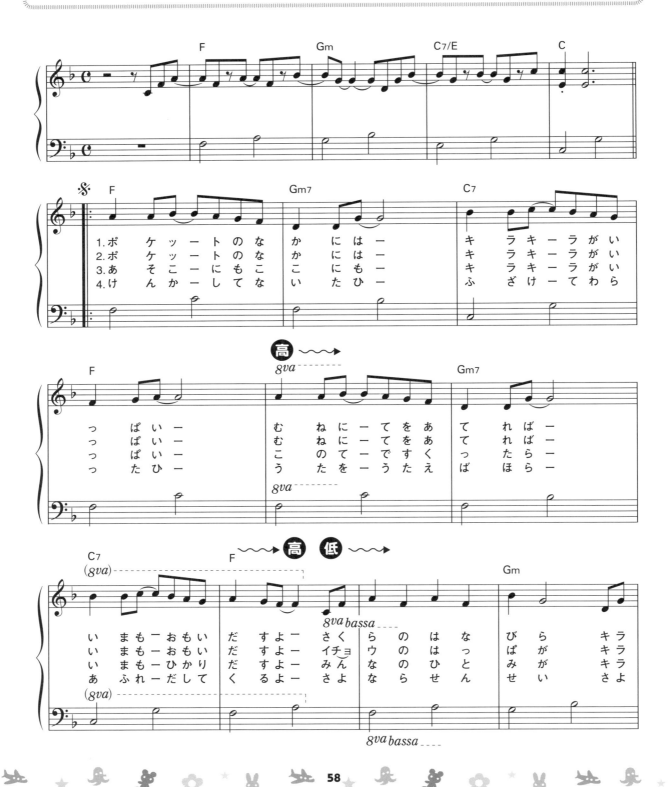

音の遅速・高低・強弱

2 南の島のハメハメハ大王

ねらい 表現活動をとおして、音の高低を認識します。

① 曲に合わせて、♩のリズムで左右に移動しながら、右に2回、左に2回、両手をフラダンスのようにゆらします。

② 歌詞の「ハメハメハ」の部分では、両手を♩のリズムで、【パー】→【グー】を2回行い、最後は【パー】。また、「ハメハメハメハメハ」の部分では、4回行い、こちらも最後は【パー】です。

③ 曲の途中、P.62の楽譜の 高〜〜低〜〜 の部分では、保育者は、ピアノを高音部で弾いたり、低音部で弾いたり、適宜変えます。高音部のときは、【パー】→【グー】を上に向けて行い、低音部のときは下に向けて行います。

南の島のハメハメハ大王

作詞：伊藤アキラ／作曲：森田公一

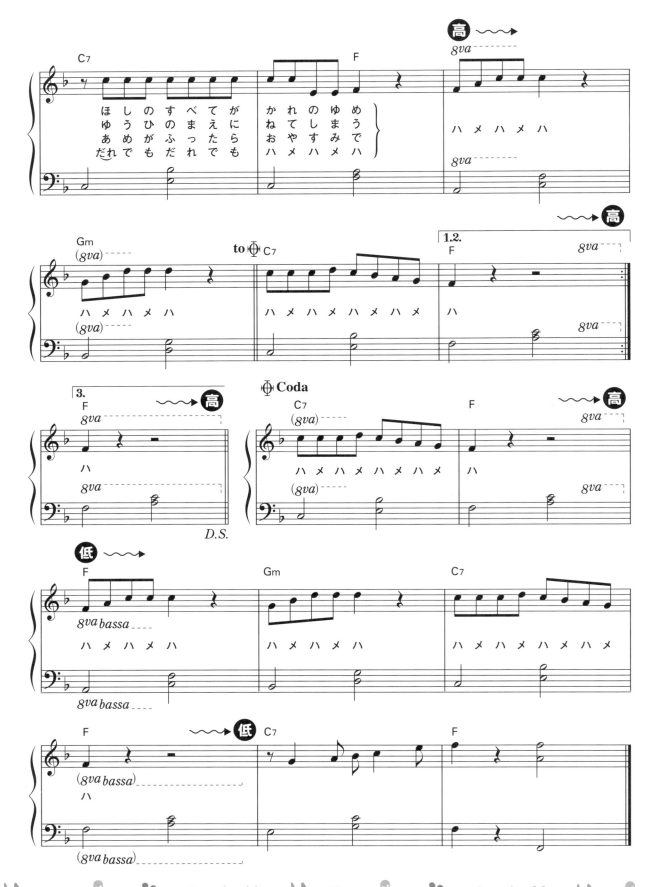

音の遅速・高低・強弱

3 ピクニック

○ ねらい　♩のリズムを感じながら、音の強弱を手拍子で表現したり、動物の鳴き声で表現します。

① 曲に合わせて、♩のリズムで手拍子をします。

② 曲の途中、P.64 からの楽譜の 強〜〜〜、弱〜〜〜 の部分では、保育者はピアノの弾き方を強くしたり弱くしたり、適宜変えます。音が強くなったら、子どもたちは、胸の前で両手で2つの大きな円を描くようにたたきます。音が弱くなったら、人さし指同士で小さくたたきます。

③ 歌詞の動物の鳴き声「ガアガア」「メエメエ」「コケコッコー」「モーモー」などの部分では、両手を口の横にあて、強 のときは大きな声で、また 弱 のときは小さな声で鳴く真似をします。

✐ アドバイス
ピアノの強弱が聴き分けづらいときは、保育者が「強く！」「弱く！」とかけ声をかけるか、伴奏を1オクターブ下にして強く弾いたり、メロディーを1オクターブ上にして弱く弾いてもいいでしょう。

ピクニック

訳詞：萩原英一／イギリス民謡

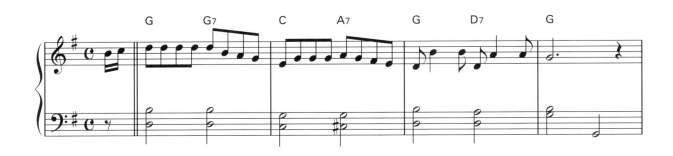
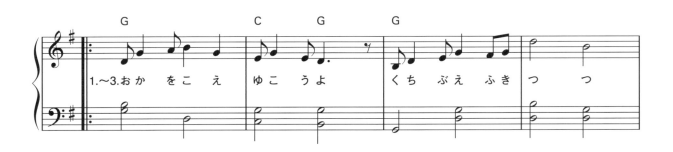

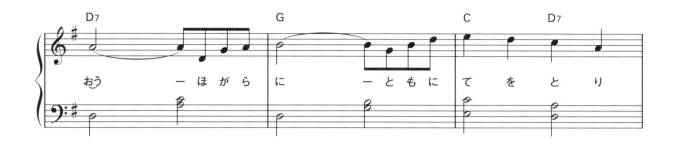

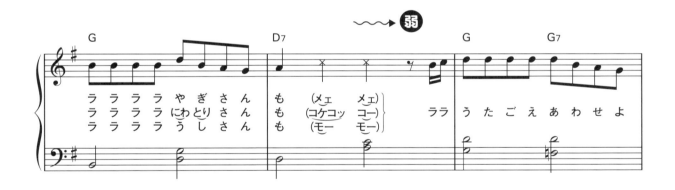
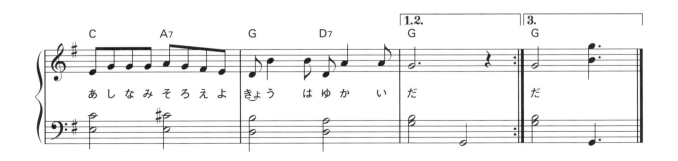

音の遅速・高低・強弱

4 おどるポンポコリン

ねらい 笛に見立てた棒を使って、音の高低を表現します。

① 短めの棒を笛に見立ててひとつずつ持ち、笛を吹く真似をしながら、曲に合わせて ♩ のリズムで自由に歩きます。

② 曲の途中、P.68 からの楽譜の 高〜〜〜、低〜〜〜 の部分では、保育者はピアノを高音部で弾いたり、低音部で弾いたり、適宜変えます。高音部のときは棒を上に向け、低音部のときは、棒を下に向けます。

<高音部>　　　　　　　　　　　　　　　　<低音部>

おどるポンポコリン

作詞：さくらももこ／作曲：織田哲郎

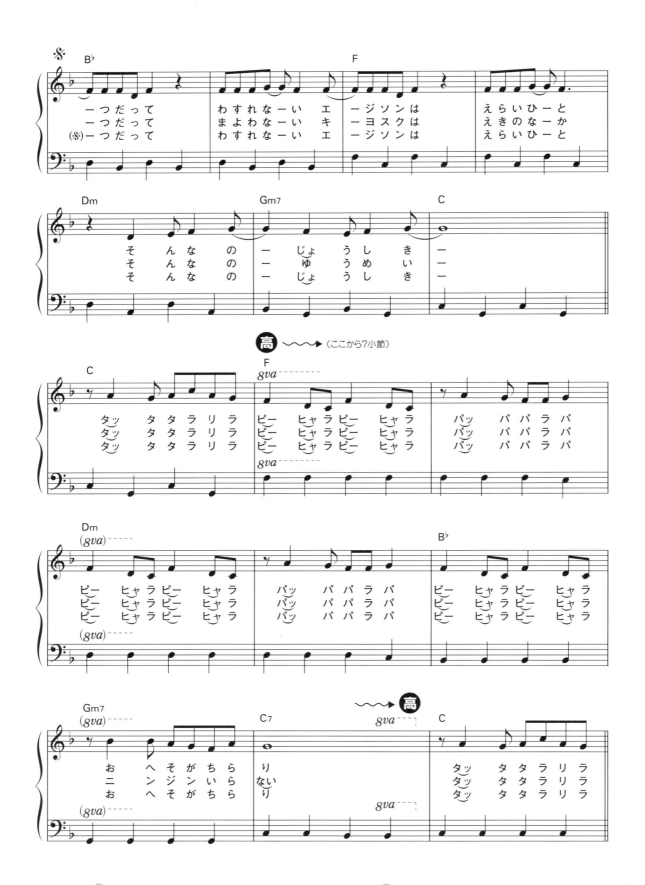

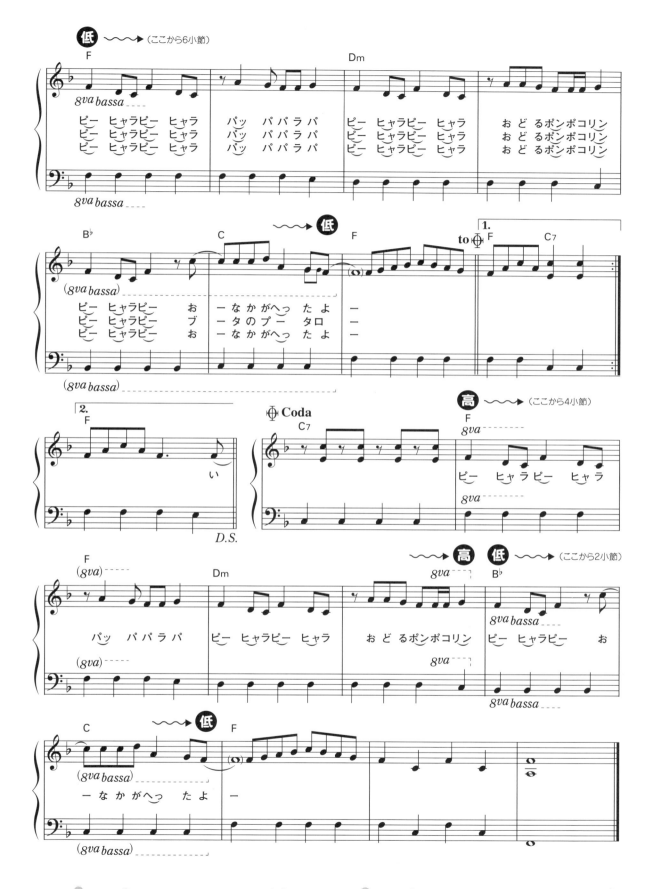

音の遅速・高低・強弱

5 アイスクリームのうた

ねらい
音の強弱を聴き分けて、全員で協力しながら動きます。

① 全員が輪になって手をつなぎ、曲に合わせて、♩のリズムで時計と反対まわりに横に歩きます。

② 曲の途中、P.71からの楽譜の 強 〜〜、弱 〜〜 の部分では、保育者はピアノの弾き方を強くしたり弱くしたり、適宜変えます。音が強くなったら後ろに歩いて輪を大きく広げ、足踏みします。音が弱くなったら前に歩いて輪を小さくします。楽譜の 最弱 〜〜 の部分で、最も音が弱くなったら、中腰になって足踏みします。

アイスクリームのうた

作詞：さとうよしみ／作曲：服部公一

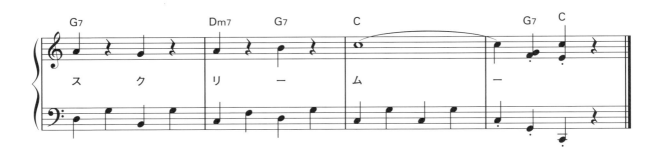

音の遅速・高低・強弱

6 天使の羽のマーチ

ねらい　音楽のさまざまな速さを感じ取り、変化する速さに合わせて動きます。

① 曲に合わせて、♩のリズムで自由に歩きます。曲の途中、P.75 からの楽譜の 速〜〜→、遅〜〜→ の部分では、保育者はテンポを速くしたり遅くしたり、適宜変えます。子どもたちはそのテンポに合わせて歩きます。

② 次は、2人組になって向かい合い、両手をつなぎます。曲に合わせて、♩のリズムで両手を左右にゆらします。
①と同様に曲の途中でテンポを変え、子どもたちはそのテンポに合わせてゆらします。

アドバイス

①の♩のリズムで自由に歩くとき、2人組で手をつないで歩くようにしてもいいでしょう。

天使の羽のマーチ

作詞：向井 一、補作詞：山川啓介／作曲：松尾善雄、編曲：若松正司

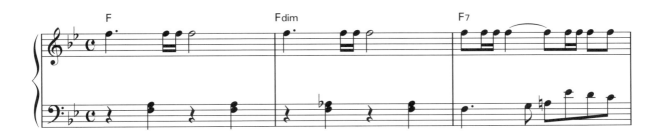

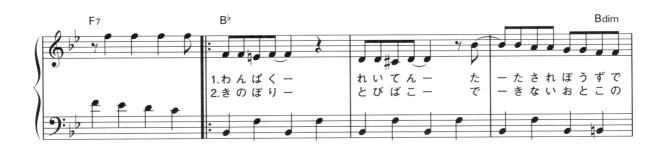

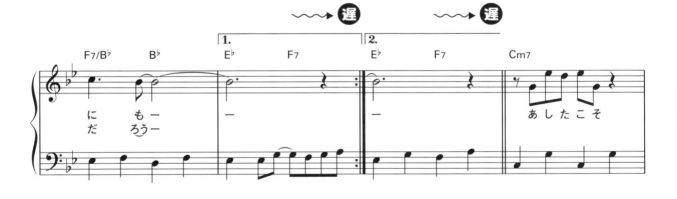
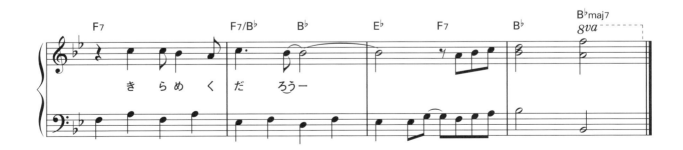

音の遅速・高低・強弱

7 いとまき

🎯 **ねらい** 変化するテンポに合わせて、身体表現をします。

曲に合わせて、下記の手あそびを4回くりかえして行います。テンポを少しずつ速くし、1回目はゆっくりしたテンポ、2回目は普通のテンポ、3回目は少し速いテンポ、4回目はとても速いテンポにし、それぞれのテンポに合わせて、手あそびをします。

❶ ♪いとまきまき いとまきまき

グーにした手を交互にまわします。

❷ ♪ひいて ひいて

グーにした両手を横に2回引きます。

❸ ♪トントントン

グーにした両手を3回打ち合います。

＜ ❶ ～ ❸ を2回くりかえします＞

❹ ♪じょうずに できた

手をたたきながら上に上げていきます。

❺ ♪きれいに できた

両手をひらひらさせながら上から下ろします。

いとまき

作詞：不詳／外国曲

※少しずつテンポアップして、4回くりかえします。

音の遅速・高低・強弱

8 世界に一つだけの花

ねらい 音の強弱を聴き分け、紙テープの動きで表現します。

① ５０cmくらいの紙テープをひとり２本ずつ用意します。両手に１本ずつ紙テープを持ち、曲に合わせて、♩のリズムで両手を交互に動かして、紙テープを上下にゆらします。

② 曲の途中、P.81からの楽譜の 強〜〜〜、弱〜〜〜 の部分では、保育者はピアノの弾き方を強くしたり弱くしたり、適宜変えます。音が強くなったら、子どもたちは手を上げて上の方で紙テープを大きくゆらし、音が弱くなったら、中腰になって下の方で小さくゆらします。

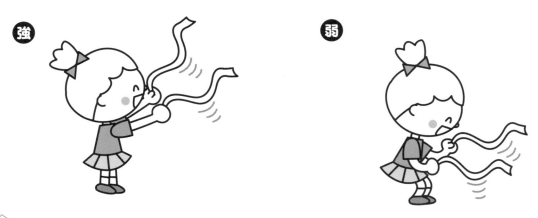

アドバイス
いろいろな色の紙テープを使うと、子どもたちみんなで行ったときに、きれいでしょう。

世界に一つだけの花

作詞／作曲：槇原敬之

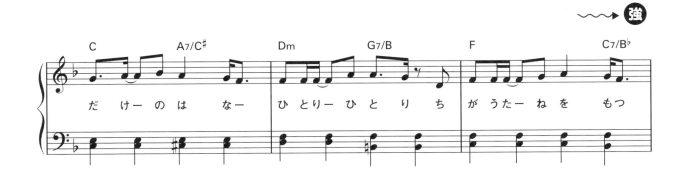

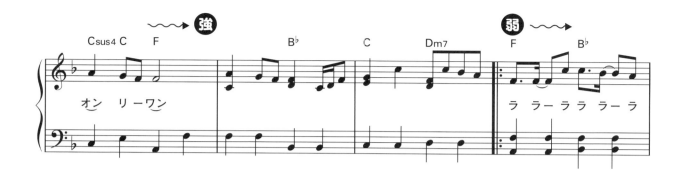
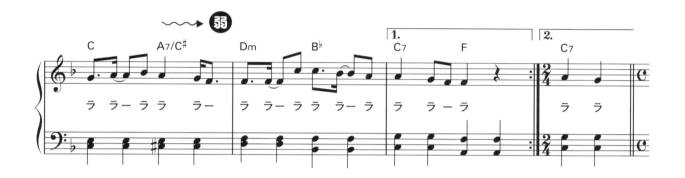
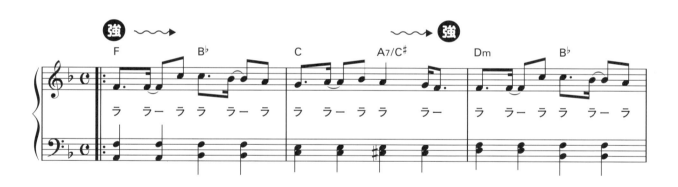
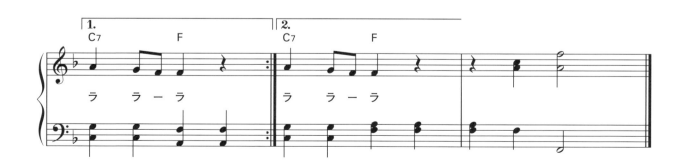

リズム・フレーズ・パターン

❶ ドキドキドン！一年生

🎯 **ねらい**　カスタネットを使って、♩＋♪＋♪のリズム・パターンを覚えます。

❶ 曲に合わせて、♩＋♪＋♪のリズムでカスタネットをたたきます。

❷ 次は、2人組になって向かい合い、♩＋♪＋♪のリズムで、〈自分＋相手＋相手〉のカスタネットをたたきます。

✏️ **アドバイス**

全員が輪になり、♩＋♪＋♪のリズムで、〈自分＋右どなりの人＋右どなりの人〉のカスタネットをたたいてもいいでしょう。

ドキドキドン！一年生

作詞：伊藤アキラ／作曲：桜井 順

リズム・フレーズ・パターン

2 おんまはみんな

🎯 **ねらい**　ギャロップや手拍子をしながら、♫、♩ のリズム、及び2小節ごとのフレーズを感じ取ります。

① 曲に合わせて、♫ のリズムで2小節、自由にギャロップをします。

② 2小節ギャロップをしたら、次の2小節は、その場に立ち止まって、♩ のリズムで手拍子をします。

③ 2小節ごとに ① と ② の動作をくりかえします。

✏️ **アドバイス**
ギャロップをスキップに替えて行ってもいいでしょう。

TRACK 26 おんまはみんな

作詞：中山知子／アメリカ民謡

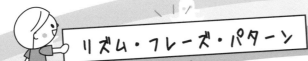

3 ゆき

　♩、♩のリズムを感じながら、4小節ごとのフレーズで、歩く方向を変えます。

① "ゆきだるま"をイメージするように、頭の上で両手で丸い形を作ります。曲に合わせて、♩のリズムで自由に歩きながら、♩のリズムで体を左右に動かします。

② 次は、①と同じ動作をしながら、4小節ごとに、左右のどちらかに歩く方向を変えます。

アドバイス

②は、はじめに曲に合わせて、♩のリズムで「1、2、3、4・・・」と数えながら手拍子をして、4小節のフレーズの感覚を身につけてから行うといいでしょう。

ゆき

文部省唱歌

リズム・フレーズ・パターン

4 にじのむこうに

ねらい 輪になって動作を変えながら、♩のリズム、及び2小節ごとのフレーズを感じ取ります。

① 輪になって立ち、横を向いて♩のリズムで手拍子をしながら時計と反対まわりに歩きます。

② 2小節歩いたら、次の2小節は、輪の中心を向いて、その場に立ち止まって両どなりの人と手をつないで、♩のリズムで右→左→右→左・・・と、交互にゆれます。

③ 2小節ごとに①と②の動作をくりかえします。

にじのむこうに

作詞／作曲：坂田 修

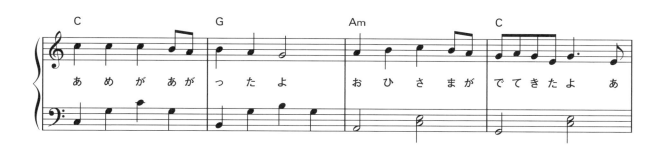

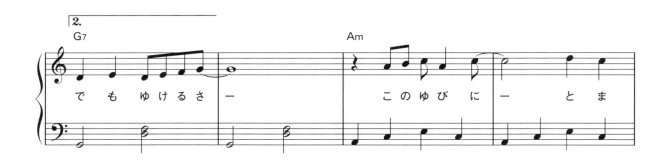
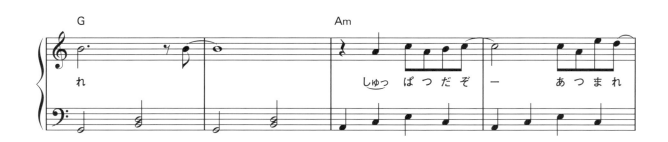

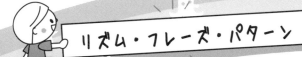

リズム・フレーズ・パターン
5 しゃぼんだま

 ボールを使って、1小節ごと、及び2小節ごとのフレーズを感じ取ります。

① 2人組になって向かい合って、ひざを曲げて座り（立てひざ）、両手をつなぎます。1小節ごとに、両手を引っぱり合います。

② 次は、ボールをひとつ用意し、①の状態で少し離れて足を広げ、2小節ごとに転がし合います。

③ さらに、2人組で向かい合って立ち、2小節ごとにボールを投げ合います。

アドバイス

2人組で投げ合うときは、1〜1.5mくらいの間隔にして、軽く投げられるようにしましょう。
また、投げたボールが他の子にあたらないように注意しましょう。

しゃぼんだま

作詞：野口雨情／作曲：中山晋平

リズム・フレーズ・パターン

6 森へ行きましょう

ねらい 全員で手をつなぎ、2小節ごと、及び4小節ごとのフレーズを感じ取ります。

① 全員が輪になって手をつなぎます。曲に合わせて、両手を上げながら、輪の中心に向かって4小節歩きます。

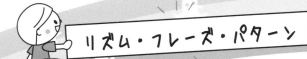

② 中心に向かって4小節歩いたら、次の4小節は、両手を後ろに下げながら、後ろに下がって歩きます。

③ 4小節ごとに ① と ② の動作をくりかえします。

④ P.103の楽譜の ★〰〰→ のところでは、立ち止まって、1小節ごとに右→左→右→左・・・と、交互にゆれます。

森へ行きましょう

訳詞：東大音感研究会／ポーランド民謡

リズム・フレーズ・パターン

7 世界がひとつになるまで

ねらい　♩＋♩＋♩、♪＋♪＋♩のリズム・パターンの違いを認識します。

① 2人組になって向かい合い、P.105からの楽譜の伴奏の♩＋♩＋♩のリズムに合わせて、＜手拍子＋手拍子＋両手をたたき合う＞をくりかえします。

② 楽譜の伴奏が♪＋♪＋♩の部分では、そのリズムで、＜手拍子＋手拍子＋両手をたたき合う＞をくりかえします。

アドバイス
ゆっくりのテンポから、少しずつテンポアップして行ってもいいでしょう。

世界がひとつになるまで

作詞：松井五郎／作曲：馬飼野康二

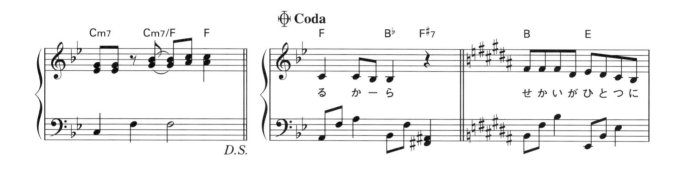

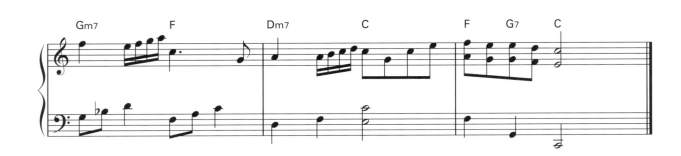

リズム・フレーズ・パターン

8 夕焼け小焼け

🎯 **ねらい** 全員で手をつなぎ、♩のリズム、及び4小節ごとのフレーズを感じ取ります。

❶ 全員が輪になって手をつなぎます。曲に合わせて、♩のリズムで手を前後にゆらしながら、1歩ずつ時計と反対まわりに歩きます。4小節ごとに、歩く方向を変え、右→左→右→左・・・をくりかえして歩きます。

❷ 曲の途中、P.111の楽譜の♪の部分で下記の音をはさみます。この音が鳴ったら立ち止まり、手を放して、弧を描くように、両手をひらひらさせながら上から下に下ろします。

夕焼け小焼け

作詞：中村雨紅／作曲：草川 信

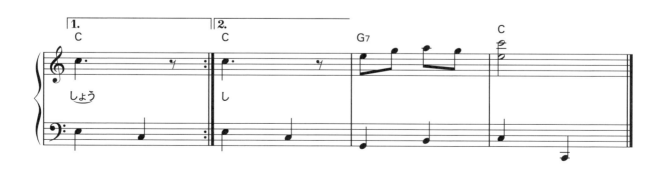

● **編著者**

井上 明美（いのうえ あけみ）

国立音楽大学教育音楽学科幼児教育専攻卒業。卒業後は、㈱ベネッセコーポレーション勤務。在籍中は、しまじろうのキャラクターでおなじみの『こどもちゃれんじ』の編集に創刊時より携わり、音楽コーナーを確立する。退職後は、音楽プロデューサー・編集者として、音楽ビデオ、ＣＤ、ＣＤジャケット、書籍、月刊誌、教材など、さまざまな媒体の企画制作、編集に携わる。２０００年に編集プロダクション アディインターナショナルを設立。主な業務は、教育・音楽・英語系の企画編集。同社代表取締役。http://www.ady.co.jp
同時に、アディミュージックスクールを主宰する。http://www.ady.co.jp/music-school/
著書に、『ＣＤ付きですぐ使える みんなかがやく！名作劇あそび特選集』、『子どもがときめく名曲＆人気曲でリトミック』『かわいくたのしいペープサート』『かわいくたのしいパネルシアター』（いずれも自由現代社）他、多数。

● **情報提供**

学校法人 東京吉田学園 久留米神明幼稚園／小林由利子　齊藤和美　富澤くるみ　安部美紀　山縣洋子

● **編著協力**

アディインターナショナル／大門久美子、新田 操

● **イラスト作成**

太中トシヤ

● **CD制作**

ピアノアレンジ・ピアノ演奏／井上明美
録音スタジオ／株式会社ＮＳＳ
サウンドプロデュース／岩波謙一

そのまま使える CD付き！ **子どもがときめく 人気曲＆どうようでリトミック** ― 定価（本体2200円＋税）

編著者	井上明美（いのうえあけみ）
表紙デザイン	オングラフィクス
発行日	2017年3月30日　第1刷発行
	2022年6月30日　第5刷発行
編集人	真崎利夫
発行人	竹村欣治
発売元	株式会社**自由現代社**
	〒171-0033　東京都豊島区高田 3-10-10-5F
	TEL03-5291-6221/FAX03-5291-2886
	振替口座 00110-5-45925
ホームページ	http://www.j-gendai.co.jp

日本音楽著作権協会(録)許諾 R-1720813

皆様へのお願い

楽譜や歌詞・音楽書などの出版物を権利者に無断で複製（コピー）することは、著作権の侵害（私的利用など特別な場合を除く）にあたり、著作権法により罰せられます。また、出版物からの不法なコピーが行なわれますと、出版社は正常な出版活動が困難となり、ついには皆様方が必要とされるものも出版できなくなります。音楽出版社と日本音楽著作権協会（JASRAC）は、著作権の権利を守り、なおいっそう優れた作品の出版普及に全力をあげて努力してまいります。
どうか不法コピーの防止に、皆様方のご協力をお願い申し上げます。

株式会社自由現代社
一般社団法人 日本音楽著作権協会
（JASRAC）

JASRACの承認に依り許諾証紙張付免除

JASRAC　出 1702204-205

（許諾番号の対象は、当該出版物中、当協会が許諾することのできる出版物に限られます。）

ISBN978-4-7982-2168-7

●本書で使用した楽曲は、内容・主旨に合わせたアレンジによって、原曲と異なる又は省略されている箇所がある場合がございます。予めご了承ください。
●無断転載、複製は固くお断りします。●万一、乱丁・落丁の際はお取り替え致します。